- En cadeau -

LA VERSION AUDIO DU LIVR

1 *Téléchargez l'app* avec le QR Code

2 *Déverrouillez* votre livre

3 *Écoutez* votre histoire

Disponible sur App Store

DISPONIBLE SUR Google Play

- Collection -
THÉMATIQUES

Découvrez notre collection sur

www.quellehistoire.com

- Collection -
PERSONNAGES

Découvrez notre collection sur

www.quellehistoire.com

Quelle Histoire

Édition et conception : Unique Heritage Editions SAS. 141, boulevard Ney 75018 Paris
Illustrations : Bruno Wennagel, Mathieu Ferret, Manon Jouet, Anatole Develay
Textes : Patricia Crété
Édition : Leslie-Fleur Picardat
Direction artistique : Kagna Toung
Maquette : Marie Colas

Siège social : 141, boulevard Ney 75018 Paris

www.quellehistoire.com

Imprimé en France par l'Atelier Print - Toulouse

Dépôt légal janvier 2025

Loi n°49-956 du 16 juillet 1949 sur les publications destinées à la jeunesse

PEFC
10-31-2841

FABRIQUÉ EN FRANCE

Aliénor d'Aquitaine

L'enfance d'Aliénor

Aliénor est la fille aînée du duc Guillaume X, qui dirige l'Aquitaine, une région indépendante du royaume de France. Élevée entre Poitiers et Bordeaux, elle reçoit une bonne éducation. Elle apprend le latin, la musique, la littérature, mais aussi l'équitation et la chasse. En 1136, à son quatorzième anniversaire, les seigneurs lui jurent fidélité, comme le veut la tradition. L'année suivante, à la mort de son père, elle devient duchesse d'Aquitaine.

1122 - 1137

Reine de France

Juste avant de s'éteindre, son père la propose en mariage à Louis, héritier de la couronne de France. Les noces sont célébrées le 25 juillet 1137, dans la cathédrale Saint-André de Bordeaux. Aliénor est belle avec ses longs cheveux blonds, tout de rouge vêtue. Quelques semaines plus tard, les jeunes époux montent sur le trône. Le couronnement se déroule à Bourges, le jour de Noël 1137. C'est un grand moment : le nouveau roi prend le nom de Louis VII et Aliénor devient reine !

1137

Au palais de la Cité

Aliénor s'installe avec son mari sur l'île de la Cité, à Paris, dans un sinistre palais occupé par les rois depuis Dagobert. Pour se sentir plus à l'aise, elle va l'aménager à son goût. Les travaux finis, elle organise de grandes fêtes où des troubadours, comme Bernard de Ventadour, racontent ou chantent de belles histoires. Aliénor apporte sa joie de vivre, typique de l'Aquitaine ! Bientôt, elle se mêle de politique, ce qui ne va pas plaire à l'entourage royal.

1137 - 1146

La deuxième croisade

À cette époque, chrétiens et musulmans s'affrontent pour occuper Jérusalem, la Ville sainte. Le jour de Pâques 1146, Louis VII s'engage pour la croisade. Le départ a lieu quelques mois plus tard. Aliénor le suit, accompagnée de ses amies, de servantes et même d'un troubadour ! Constantinople, Antioche et Jérusalem fascinent la reine qui découvre cet Orient de luxe et de mystères. Le roi, venu en Terre sainte pour prier, ne la comprend pas. Les époux se disputent souvent...

1146 - 1149

Reine d'Angleterre

En Orient, on dit qu'Aliénor a un nouvel amoureux… Méchante rumeur ? En tout cas, Louis VII y croit et, dès leur retour de croisade, leur mariage est annulé. Mais la jeune femme s'en moque, car elle est déjà courtisée par Henri Plantagenêt, héritier du trône d'Angleterre. Elle l'épouse à Poitiers en 1152. Deux ans plus tard, ils sont couronnés dans l'abbaye de Westminster, à Londres. Aliénor devient reine pour la seconde fois ! Leur royaume est l'un des plus puissants d'Europe.

1154

EMPIRE PLANTAGENÊT

Une famille nombreuse

De son premier mariage avec Louis VII, Aliénor a eu deux filles, Marie et Alix. Avec Henri II, qui a dix ans de moins qu'elle, elle a cinq fils et trois filles. Cette famille, très nombreuse, l'occupe beaucoup ! Surtout que le roi est souvent absent, accaparé par les affaires du royaume. Aliénor prend soin de ses enfants et veille à leur éducation. Elle les emmène d'une Cour à l'autre, comme cela se faisait à l'époque. Certains de ses fils seront célèbres, notamment Richard Cœur de Lion, futur roi d'Angleterre.

1153 - 1166

La Cour d'amour de Poitiers

Les années passent… En 1169, Henri II nomme son fils Richard, âgé de 12 ans, duc d'Aquitaine, sous le contrôle d'Aliénor. L'année suivante, elle part alors s'installer à Poitiers, dans le château de son enfance, ravie de revoir ses terres natales ! Comme son grand-père Guillaume IX, le plus ancien troubadour connu, elle va y créer une Cour d'amour réunissant musiciens, ménestrels et poètes… On compte parmi eux Chrétien de Troyes, célèbre pour ses romans de chevalerie.

1170

La captivité

Les relations entre Henri II et ses fils s'enveniment… Accusée d'avoir soutenu ses enfants dans un complot contre leur père, Aliénor est arrêtée par les soldats anglais. Elle va passer quinze ans recluse dans des châteaux, d'abord en France, puis en Angleterre. Ses fils implorent l'indulgence du roi, en vain… Bien que ses conditions de détention s'adoucissent et qu'elle regagne la France en 1185, elle n'est libérée qu'à la mort d'Henri II, lorsque Richard est proclamé roi d'Angleterre.

1173 - 1189

La gouvernance

Richard, surnommé « Cœur de Lion », part pour la croisade… C'est alors Aliénor qui le remplace à la tête du royaume. Elle a fort à faire : gérer les barons révoltés, contrer son fils Jean sans Terre qui veut s'emparer de la Couronne et faire libérer Richard qui a été capturé sur le chemin du retour. Malgré ses 70 ans passés, elle a toujours autant d'énergie et affronte les difficultés. Aliénor est libre et courageuse, comme de nombreuses femmes nobles de son temps !

1189 - 1199

Ses dernières années

Loin de se reposer, Aliénor joue encore un rôle politique important. Mais elle commence à s'épuiser... En 1200, elle décide de se retirer à l'abbaye Notre-Dame de Fontevraud qu'elle connaît bien puisque ses deux plus jeunes enfants y ont été élevés. Son époux Henri II, son fils Richard et sa fille Jeanne y sont déjà enterrés. Le 1er avril 1204, elle meurt à plus de 82 ans, et depuis, repose à leurs côtés dans l'église abbatiale... Tu peux aller la visiter, c'est magnifique !

1200 - 1204

1120

1122
Naissance d'Aliénor.

1137
Mariage d'Aliénor avec le futur Louis VII, le 25 juillet.

1137
Aliénor et Louis VII montent sur le trône de France.

1137
Couronnement d'Aliénor et Louis VII, le 25 décembre.

1147
Aliénor accompagne Louis VII, engagé dans la croisade.

1152
Annulation du premier mariage d'Aliénor.

1152
Mariage d'Aliénor avec Henri Plantagenêt, le 18 mai.

1154
Aliénor et Henri II son
couronnés
roi et reine
d'Angleterr
le 19 décemb

1170
Aliénor et Richard, fait duc d'Aquitaine, se rendent à Poitiers.

1173
Complot des fils contre leur père Henri II et début de la captivité d'Aliénor.

1189
Richard, devenu roi d'Angleterre, fait libérer sa mère de prison.

1189
Richard part en croisade et confie le royaume à Aliénor.

1199
Mort de Richard. Son frère, Jean sans Terre, devient roi d'Angleterre.

1200
Aliénor se retire à l'abbaye de Fontevraud.

1204
Mort d'Aliénor, le 1er avril.

1205

Le parcours d'Aliénor d'Aquitaine
4
3
6
5
2
1

Légende de

LA CARTE

1 Bordeaux (France)

C'est dans la cathédrale Saint-André, puis au palais de l'Ombrière que se déroulent les noces d'Aliénor avec le futur roi Louis VII. La ville est bien connue aujourd'hui pour ses vignobles.

2 Bourges (France)

Bourges, capitale du Berry et unique possession du royaume de France au sud de la Loire, garde le souvenir du couronnement d'Aliénor d'Aquitaine et de Louis VII, le 25 décembre 1137.

3 Paris (France)

Le palais de la Cité (devenu la Conciergerie et le Palais de Justice) fut la résidence royale du Xe au XIVe siècle. Saint Louis y fait bâtir la Sainte-Chapelle pour y abriter les reliques du Christ.

4 Londres (Angleterre)

Aliénor est couronnée reine d'Angleterre aux côtés de son époux, Henri Plantagenêt, dans la superbe abbaye de Westminster. Les cérémonies de couronnement anglais s'y déroulent toujours.

5 Poitiers (France)

Capitale du comté du Poitou, qui appartient au duché d'Aquitaine, Aliénor y passe une grande partie de sa vie. Elle y fait rénover l'ancien palais de son grand-père, Guillaume IX.

6 Fontevraud (France)

L'abbaye royale est classée monument historique et est inscrite au patrimoine mondial de l'Unesco. Elle abrite le tombeau d'Aliénor mais aussi celui de son fils, Richard Cœur de Lion.

Empire Plantagenêt

Royaume de France

Bernard de Ventadour

(1125-1200)

Ce célèbre troubadour du Moyen Âge, accueilli à la cour d'Aliénor en Aquitaine, la suit en Angleterre lorsqu'elle épouse le roi Henri II. On lui doit plus de 45 chansons écrites en occitan.

Louis VII, dit le Jeune

(1120-1180)

Sixième souverain de la dynastie capétienne, Louis VII est couronné roi des Francs à Reims en 1131. Il épouse Aliénor d'Aquitaine, puis Constance de Castille et Adèle de Champagne.

Henri II Plantagenêt

(1133-1189)

Il a beaucoup de titres : comte d'Anjou et du Maine, duc de Normandie et d'Aquitaine (par son mariage avec Aliénor en 1152), et roi d'Angleterre. De son union avec Aliénor, il aura huit enfants.

Richard Cœur de Lion

(1157-1199)

Fils d'Aliénor et d'Henri II, il devient roi d'Angleterre à la mort de son frère aîné en 1183, un pays dont il ne parlait même pas la langue. En revanche, on lui doit des poèmes en langue d'oc, sa langue maternelle.

Le Jeu du

CHERCHE & TROUVE

Cherche et trouve les éléments suivants dans le décor de droite :

L'enfant

Le bouffon

Aliénor d'Aquitaine

Le rêveur

L'aileron

Le musicien

L'œuf

Les bagarreurs

Le fugueur

Les amoureux

Le maladroit

La femme de ménage

La statue

Bernard de Ventadour

Celui qui se cache

La femme enceinte

Le goinfre

L'oie

La tombe

Le chat

Henri II

Le Jeu des
7 ERREURS

Trouve les 7 différences entre l'image de gauche et l'image de droite.

Solution : la fenêtre, la crinière du cheval, la moustache, les ailes, la sangle, le nuage, la natte.

Le Jeu du

LABYRINTHE

Aide Richard Cœur de Lion à trouver le chemin pour sauver Aliénor d'Aquitaine.

Solution : le bon chemin est le numéro 3.

Le Jeu des OMBRES

Retrouve la bonne ombre de Bernard de Ventadour.

Bonne réponse : l'ombre c.

Le Jeu du QUIZ

1. Dans quelle ville Aliénor a-t-elle grandi ?

a. Paris

b. Poitiers

c. Nantes

d. Bourges

2. À Poitiers, Aliénor met en place...

a. Une Cour de bonheur

b. Une Cour de joie

c. Une Cour d'amour

d. Une Cour de plaisir

3. Le fils d'Aliénor, Richard, porte le surnom de...

a. Richard Cœur de Tigre

b. Richard sans Peur

c. Richard le Vaillant

d. Richard Cœur de Lion

Bonnes réponses : 1.b / 2.c / 3.d.

- *Collection* -

ENCYCLOPÉDIES

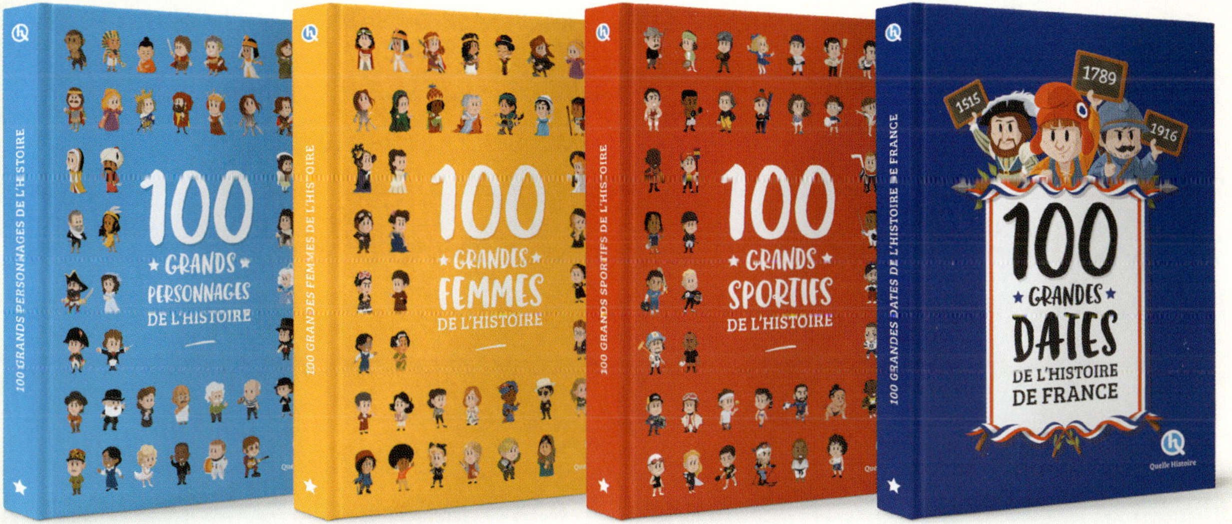

Chers parents, vous aimez Quelle Histoire ? Rejoignez-nous sur les réseaux sociaux !